풀꽃 일기

최춘자 제5시집

청옥

시인의 말

깊은 겨울 화단을 지나온 수선화 한포기
이른 봄이 되자 애처롭게 싹을 틔운다.

약간의 호미질을 하고 흙을 돋우고 마른 뿌리에 물을 주었더니
조금씩 잎이 넓어지고 윤기를 흘리기 시작한다.

이 어린 풀꽃의 생명도 사람의 관심을 먹고
더 활발하게 자라는 것 같이 보였다.

위로 셋 자식을 가슴에 묻고 네 번째 나를 얻어 혹 고뿔이라도 드는
날이면 노심초사 가슴조이며 업고지고 긴 밤 지새웠다든 어머니.

그 어머니 마음을 미처 헤아리기도 전에 어머니는
다시 돌아 올 수 없는 먼먼 나라로 떠나셨다.

어린 꽃모종에 물줄기 같은 그리움으로 어머님 영전 앞에
이 글을 올립니다.

그리고 이 책을 펴내기까지 도와주신 모든 분과
정옥문학 회상님 비롯해서 임종성 박사님께 감사드립니다.

인쇄비 일부를 한국예술인복지재단지원을 받아 충당이 되었다

차례

제1부 고목을 보고

제2부 멍게의 슬픔

제3부 섬이 되고 싶다

제4부 울 어머니

제5부 풀꽃 일기

제1부

고목을 보고

진달래

나 애절한 그리움으로
절벽 바위틈에 잔발 뻗고
마디마디 옹이진 가지마다
당신을 기다리는 꽃이 되었습니다

나 하나 굳은 절개이므로
눈보라 몰아치는
천혜의 골짜기마다
향기로 오는 당신 아픔 보느라
모가지만 훌쩍 길어 있습니다

오늘 아침부터
소나기 진탕 얻어맞고
멍든 몸 감출 수 없어
온천지에 핏빛으로 붉어 있습니다

2012/10/09 14:56

풀꽃 일기

어디서 날아 온 종자인가
딱딱한 불록 틈에 발을 묻고
삶을 영위하는 생명의 존엄을 본다

여린 꽃대 올린 소박한 꽃잎
불모의 땅이라 탓하지 않고
쌀쌀한 가을바람도 개의치 않는 듯
다소곳이 고개 숙인 해맑은 사랑

어느 고아의 외로움 같은
그리움 갈망하는 노방에서
지난여름 천둥 번개 거센 반란에
불면의 밤을 지새우며
말없이 묵묵히 살아온 생

가을빛 얇아지는 벌판에서
남몰래 고독을 삼키며
저무는 석양에 불을 밝히는
이름 모를 풀꽃

찔레꽃 2

잔설속을 뛰쳐나온
꽃샘 기세를 꺾기 위해서는
가시 발톱을 강하게 세워야 한다

조금씩 발톱이 날카로워 질수록
매무새 다듬은 찔레꽃
관심 받지 못한 노방천에 살지라도
진초록 시절 나의 향기를
무르익은 봄 야산 변두리에
낱낱이 배달해 드리리다

황매화 꺾꽂이

이른 봄
산비탈에 황매화 자지러진다
꽃송이 하 탐스러워
스스럼 없이 다가가
가지하나 툭 분질렀다

잔발 잘린 노란 꽃술
수맥은 정지되고 잎 시드는
깊은 상처 어루만지는 꽃대
채마 밑 흙더미에 깊숙이 꽂는다

맹열한 뙤약볕에 연초록 이파리
이 봄 다가독 마디마디
온갖 신음 소리 듣는다

독한 집념은 흙속에서
눈부신 봄 잔발의 회망은
마른 땅 비집고 새로운 새상을 향해
새노란 깃발 하늘 높이 꽂는다

2007/06/25 00:07

사모

세월가면 잊혀질줄 알았는데
이순이 흘러가도 그모습 또렷하다

불혹에 세상 떠난 어머니
한의원 하시던 외할아버지 고을에 명성을 떨쳐셨고
부잣집 둘째딸로 태어나 금지옥엽 자라면서
외할아버지 약제 구입차 대구시장 가시는 날엔
금박댕기 사오시면 마을에 없는 호강 혼자 누리고 호의호식 자라

열여덟 어린 나이에
부모님 맺어준 낯선집 며느리 되어
여자라 조선 풍속
눈멀어 삼년 귀멀어 삼년 말멀어 석삼년
시부모 봉양하랴 호롱불 밝혀 베짜시며
청상과부 맏동서 앙탈에도 묵묵히 살아온 시집살이

도포자락 휘느린 반거층이 선비 아버지
농사일 나몰라라 서당일 몰두하고
길쌈일 농사일 혼자 도맡은 어머니
부엌바닥에 빗자루 깔고 앉아 밥 한술도 바쁜 나날

일남 칠여 중 다섯 딸을 가슴에 묻고
여덟 번째 아들 얻어 천혜 없는 귀한 자식
업고 지고 땅에 놓기 아까워하던 어머니

중병 후유증으로 시름시름 앓아시다
열 살 겨우 들어선 어린 동생과 아버지
우리 자매를 남겨둔 채 북망산천 떠나셨지
어머니 없는 세상 잡풀처럼 걸어 여기까지 왔습니다

희미한 흑백사진 수첩에 고이 끼워넣고 외출함께 나섭니다
어머니!!
그리움도 사무침도
잊혀지지 않는 것이 야속할 뿐입니다

그리움

– 이종언니

향수에 젖는 날은 직행버스에 오릅니다
버스는 제가 알았어 어디에나 잘 갑니다
경주도 가고 건천도 가고
주춧돌 쓸쓸히 잡초에 묻혀있는 서라벌도 갑니다

오일 장날이면
비단 두루마리 병풍처럼 비잉 둘러세워 놓고
단골손님과 마주 앉은 울 언니,
자질하는 건천장
풋풋한 시골풍경 쇼핑이 좋습니다

백여 명 경로당 압도적 표차로
십여 년간 회장연임 우뢰박수 받으며
비단 팔아 모은 돈 아낌없이 풀어
자비의 열정으로 사과상자 감귤상자
아름다운 베품으로 열어가는 팔순언니
아롱다롱 천년지기 벗이되는 경로당도 좋습니다

아련한 유년시절 외할머니 따라
빌기 땅고개 넘어 이모집에 가면
치마섶에 찐쌀 싸주던 언니
울 언니가 그리우면 기별도 없이
불원천리 신라서울로 달려갑니다

코스모스

최춘자

수정산 오솔길께
잡풀 속 불모지에
버려진 목숨처럼
홀로 선 코스모스
가냘픈 목숨이라
쉬이 포기 할 순 더욱 없어
한바람에 하늘하늘
그리움만 날립니다

춘란

여인의 치마폭처럼
휘돌아 늘어진 춘란 이파리
여린 봄빛에
애절한 개화
임의 향기인 양
설레임으로 다가오는
연분홍 꽃잎

통일전망대를 찾아서

자동차 키를 찾아 들고
바람 쐬러 가자는 딸아이 딸아 나섰다
막히는 도로 두어 시간을 잡아
서부 통일전망대 닿으니 어디선가
잃어버린 삼십년 노래소리 잔잔히 흘러나온다

활기차게 달리던 열차는
목이 잘린 채
황무지 잡풀속에 묻혀 있고

핏빛으로 녹슬어
인고의 반세기를 훌쩍 잠들어 있는
쌍가닥 레일 앞에서
기념인양 나는 함께 사진을 찍는다

목전에 보이는 푸른 송학산은 북한 땅이다
내가 서 있는 자유의 다리를
원한의 눈빛으로 보고 있는 것 같다

철망너머 넓은 들판은 너무나 조용하다
이산의 아픔이 뼈에 사무쳐
무슨 이변이라도 일어나기를 염원하는 것일까

자유의 다리위에
간절한 소망을 담은 가지각색의 리본이
가을바람에 하염없이 펄럭인다

해 기운 오후 안녕이라 말을 못하고
기약 없이 돌아 서는 우리 모녀의 발길을
구월하순의 땡볕이 등을 떠민다

2015. 9. 23

멎어있는 기차를 보고

나르고 싶다
날아가고 싶다
저 하늘 끝까지
사랑하는 사람 한가득 가슴에 품고
졸음의 무게마저 어둠에 맡겨 두고

깜빡이는 시그널 불빛 등에 지고
쌍가닥 레일을 건너
벽공 구만리 훨훨
달려가고 싶다

포승줄에 묶인 죄인처럼
먼 기적소리의 동공은 마비되고
지나온 발자취의 그리움
참지 못할
안타까운 세월만 가네

2014. 9. 27

미카3
244

어느 날 외출에서

외출에서 돌아오던 대낮에
우박섞인 비바람 적나라하게 내려쳤다
흠뻑 젖은 아랫도리 주채 할 수 없어
양배추 껍데기 까듯 홀랑 까버렸다

연탄불 따끈한 뚜껑위에
불집게 가로 질러 떨리는 생을 말리듯
젖은 운동화 엎어 놓았다
배 아프던 내 어린 시절처럼

사시나무 떠는 현기증이
따뜻한 아랫목 유혹에
달콤한 잠 뿌리 칠 수 없어
비몽사몽
물안개 이지러진 새벽 별이 되었다

때 늦은 오후 한나절
가실가실 기다려줄 것 같은 내 운동화
자취도 없는데
그 흔적 짙게 남은 고무 냄새
나를 슬프게 하는 사랑이여.

어느 주검을 보고

일요일. 성경 옆에 끼고
교회로 향하는 사람은 선인인줄 알았다
하느님 말씀„
매사에 늘 감사하며 사는 줄 알았다

늦가을 옻나무
서리 맞은 단풍잎 하, 고와
손 내밀고 다가갔더니
독을 품은 허울 좋은 빛깔이 였다

하느님께 간절한 기도만큼
하찮은 일에 격한 감정 대립하는
불치병 깊이 박힌 그 본성〃을 보았다

한세상 살다가
마지막 떠나는 은행잎의 뒷모습은 아름답다

하느님 숭배만이 전부이고 은혜로워서
인간사
근본 그 자체마저 상실한 여든의 그는
어느 요양원에서 홀올로 굳게 닫힌 -종결終訣문 노크했다

그 행적
조각난 심장에 못처럼 박혀
뽑지 못한 내 안의 절규
운명이라 하기엔 너무나 가혹합니다 2015. 12 14

청맹과니

늦은 밤 외출에서
수은등 흐린 불빛 따라
좁은 골목길 걸어온다
뽀로통 튀어 나온
고 볼품없는 돌부리에 채여 넘어졌다

아, 청맹과니 였구나
몰두한 내 시 한수 실패작처럼
발가락은 피멍이 들었다

내가 걸어가는 길은
꽃삼월 봄날같은 길인줄만 알았다

내 스스로 길을 찾아
스스럼없이 내 디딘 발걸음
달도 없는 사막을 홀로 걸었다.

뼈골 마디마디 맺힌 응어리
다 비운 마음에도 날이 저문다

졸음에 지친 초승달 벗 삼아
터덕터덕 굽어든 골목 길
공허한 창문에는 달빛도 없다
굳게 다문 사립문이 나를 기다리고 있다

동행자

삶의 떠돌이로
늦은 밤
어둠 열고 어둠을 들어 온다

오랜 침묵으로
방구들의 냉기
나를 기다리고 있다

다소곳이 정적은 길들어 져
가슴앓이 진통쯤은
그래도 견딜 만해서
머뭇거림 없이 비몽사몽
생의 모퉁이를 베고 눕는다

약속된 사바세계
독방에 혼자 갇힌 영혼
짙게 갈앉는 어둠은
꿈속으로 향하는 나의 동행자다

2011. 11. 6

쇠파리와 나

최저기온 영하 7도
낮기온 3도에 머문다고 한다

약수터 따뜻한 잔디밭에
책을 펴 들고 앉아 있었다

어디에서 날아 온 쇠파리 한 놈
책갈피에 살포시 날아 앉는다
핏기라곤 한톨 없는 해맑은 날개다

차디찬 영하의 칠흑 밤에
적막한 산이나 헤매다가
허기에 지친 채
얼마를 떨고서야 내게로 와서
용서를 빌듯 두손 비빈다

빈 겨울 산을 전전하는 왜골수일까
세상과 멀어 막막한 산일까
일생을 한마디로 요약하자면
너와 나는 만나는 순간
삼동겨울 내내 언 가슴뿐이다

쓸쓸하고 더러운 이 세상
막차 타듯 외로운 그림자만 남겨둔 채
다시 만날 기약도 없이
안녕! 안녕! 말도 없이
우린 서로 돌아서고 말았다

똥파리의 추억

밥그릇에 앉은 파리를
부채로 후려쳤다
밥을 한입 그득히 문채
방바닥에 벌렁 자빠러져 기척이 없다
넓은 날개 방바닥에 깔고 인사불성이다
죽었나 싶어 빗자루를 들다가
식지 손가락으로 배때기 지그시 눌러 보았다
짧은 앞발 휘저으며 손사래 친다
밥 한술에 처절한 생
죄의식에 손끝이 저려 잠시 두고 보았다
조금 정신이 드는지 날개를 퍼덕인다
4계월 난 아기가 뒤집듯
날개를 퍼덕이며 무거운 몸을 뒤척인다
아직도 보리밥 한뽈떼기 문채
빠르게 날개를 턴다
한밤중 젯밥에 감히 낯익은 발자국 찍는 놈
아마도 이놈이 기어코
밥그릇에 다시 오르고 싶은 모양이다

유년시절

일곱살 배기 나는
네살배기 동생을 업고
들일나간 어머니 찾아
좁은 논뚝 길을 비틀비틀 걸어 가다가 그만
논둑 밑을 곤두박질 친 것이다

우리는 일어나지 못한 채
뒤엉겨 울고만 있었지
때로는 나의 뇌리에 맴도는
아득한 기억 저 편

백발성성 등에 지고
찾아온 고향집은
관광지 개발로 빨간 고깔집이 되어
처마 끝에 매달린 스피크에선
아라비아공주 옛 노래 구성지다

물동이 인 어머니 모습이
환상으로 떠오르는 골목길엔
스산한 가을바람만 휘돌아 나오는
해저문 나그네
쓸쓸한 발길을 말없이 돌린다

제 2 부

멍게의 슬픔

고목을 보고

법기수원지 나들목에
늙은 느티나무 한그루 쓸쓸하게 서있다
허망한 세월에만 살아 왔을까
잔혹한 가슴이 펑펑 뚫어져 있다

서민들 집값 다락으로 치솟고
부동산 문을 나서며 한숨짓던 어머니
인고의 세월 혼자 짊어지고 가슴알이 하던
그 세월 사느라 저 느티나무 속은
허공으로 비어 있는 것이다

비바람 혹독함이
삶을 후려치는 숱한 아픔은
빈 가슴에 雪바람이 쌓이고
모진 세월속에 살아온 생이
때로는 한 밤중 푸른 달빛에도 서러워
목놓아 울기도 했으리라

온 세상 아름다운 봄빛이 오면
지칠 줄 모르고
곁가지에 어린 새잎 파릇파릇 피우느라
고달프다 말 대신
앙상하게 뼈만 남아 있다

숲속의 변란

법기수원지 울창한 숲목원에
번갯불이 웅장한 편백나무 정수리를 쳤다
번쩍 하는 순간을 예측 하지 못한
부서진 잎들은 다시 피지 않는다

정작 벼락맞을 사람 따로 있는데
산새들 지저귀는 삶터
지고지순 은혜 같은 나무를 향해
먹구름은 천둥을 친 것이다

숨이 멎어 서 있어도
구조대원들은 오지 않았다
애절하게 울어대던 새들도 가버렸다

졸지에 어이없는 주검에는
열반에도 들지 못한다
구천을 떠도는 영혼
원한의 눈빛이 꼿꼿이 서있다

생존 대열에 빗장을 치고
이름 없는 미라가 되어
아카시아 향기 그윽한
아름다운 봄날도 거부 한 채
숲속에 홀로 공포에 떨고 있다

2015. 5. 23 토

벼락맞은 나무

도둑맞은 세월

– 복지관

무명책보따리 어깨에 메고
하얀 찔레꽃 피는 돌밭 길을
학교 가던 고사리 시절의 그리움도
출근길 서류가방 속
알미늄 도시락의 젊은 꿈도
먼 나라 역사처럼 흘러갔습니다.

인생 이모작 님들이여
행여라도
문득문득 고독이 밀려오거든
고 악마 같은 나이는 단칼에 내치세요
눈먼 서릿발도 털어버리세요
퇴색된 날개라 접으면 안됩니다.

가난은 풀뿌리에 목이 메이듯이
늦가을 갈대 같은 뼈만 남은 푸석한 세월
복지관 서화당에
매화, 난초 애틋한 사랑

심려를 기울인 필묵에 목이 메어도
오래도록 고락을 같이한 세월일랑
도둑맞지 마십시요

뱀프 빙산을 향한다

뱀프 빙산 공원을 1박으로 가기로 하고
새벽 5섯시에 일어나 미리 준비해둔 과일이며
음료수며 차에 올리고 아이들을 깨웠다

새벽잠 털고 나온 대로에 안개 자욱하다
얼마쯤 달렸을까 9시를 지나고 있다
좀 쉴 겸 산쪽으로 우뚝 솟아 있는
스프링스 호텔앞에 차를 세웠다

1888년에 지었다는 호텔
숙소를 제외하고 완전 개방이다
궁궐 같은 웅장한 건물 안을,
화려한 쇼핑을 하듯 한 바퀴 돌아보는데

유산을 보존하듯
유명한 인사들의 사진이 보존돼 있는곳에 발길이 멈췄다 *
한때 화려했던 영화배우
마릴린 먼로 사진도 전시 돼 있다
인생은 짧고 그 이름은 영원하리!

잘 꾸며진 정원에는 아름다운 서양 아가씨들이
예쁜 꽃들과 나무에 물주고 잡풀 뜯고
정원 가꾸기에 여념이 없다

새벽에 잔뜩 찌푸린 하늘은
구름 한점 없이 맑고 화창하다
우리는 짜인 일정에 서둘러
로키산맥 뱀프 빙산을 향한다

로키산맥 3505고지 팬말 앞에서

벰프 빙산을 오른다

팔월염천에 로키산맥 오른다
꽃보다 아름다운 산꼭대기마다
하늘에 닿을 듯 유리알 같은 만년설
명주필을 풀어 놓은 듯 눈이 부시다

미끄러질 듯 오금저리며
얼음더미에 오르니
신비에 장관이 입을 다물지 못하지만
에이는 찬바람이 살속을 스며든다

옷깃을 여며
낙조에 긴 그림자 밟으며
내려오는 비탈길에
칼바람도 떨고 있는 거치른 돌무지에
이름 모를 어린 풀꽃 빨갛게 피어있다

단년초 이파리 꽃잎을 품어 안고
영하로 곤두박친 긴긴밤에
얼마를 떨고서야 이 꽃을 피웠을까

염천 땡볕 맹열한 대낮에
환상의 빙하 익이 있는 얼음더미를
신에게 한 말씀 묻고 싶다 이 장관의 내력을

로키산맥 국립공원

청춘 찻집

– 복지관 내 청춘찻집에서 차를 마시며

양잿물보다 매운 나이를
공짜라서 그냥 먹은 것이
먹어도 배부르지도 않고
종합비타민처럼 엔돌핀도 안되는
내버려도 개도 안먹는 나이.

꿈인 듯 속절없이 저녁노을 등에지고
숲속을 나르는 파랑새의 푸른 꿈도
세상을 휘어잡을 값진 야망도
단풍잎으로 물들어 가고

떠나버린 막차처럼
되돌릴 수 없는 초년의 그리움을
가슴에 붙박이는 잃어버린 사랑의
애달픔을
잊으려는 인연들.
따끈한 차 한 잔의 위안으로
복지관
青春찻집 쉼터에 기대앉는다.

엘리베이터에 오르며

지하도 개찰구 앞에 우뚝 서 있는 엘리베이터
개문 앞에 웅성거리는 사람들
저마다 갈 길 바빠 우왕좌왕
대자대비 같은 문이 열리자 미처 내릴 사람 비집고
내가 먼저 오르리라 아귀 타툼이다
나도 덩달아 남의 발등 찍고 세치기 하고 싶다

훗날 저승 문 앞에서
염라대왕 호명 기다릴 새도 없이
내가 먼저 가리라 앞다퉈 아우성 칠
사전 연습하는 것이다

온몸을 구겨
적막강산 동굴속을 짐짝처럼 포개 넣으면
정원 초과이니 뒤에 타신 분은 내려주세요
당돌한 목소리, 나는 군말 없이 이 나이에 쫓겨나온다

돌쩌귀 없는 육중한 문이 열리면
누가 보거나 말거나 내 신분을 숨긴 채
남의 발등 찍고 탈출하듯 뛰쳐나오면
서러운 그림자는 모두 지우고
투명하고 광나는 청하늘 향해
연을 날리듯 멀리 더 높이 날아가고 싶다

송도를 찾아서

십여 년간 걸어 송도에 왔더니
내가 찍어놓은 발자국 어디에도 없다

매미(태풍)의 북새질에 절망의 잔해를 딛고
새로운 모습으로 다시 태어나
비탈진 언덕에 어린 풀꽃 깔깔대고
금모래 벌판에 우뚝 선 현인
신라의 달밤 열창하고 있다

암남공원 한 바퀴 돌아
너럭바위에 삼삼 오 둘러 앉아
부추부침과 슨 소주 앞에 놓고
가슴 설레는 송도의 밤
둥근 달 안주삼아 잔을 돌리던
한 시절의 추억은 강물처럼 흘러가고

십여 년 세월 남몰래 등에 지고
아스라이 내 유년 같은 그리움으로
오늘 지척 천리 송도에 왔다
내 마음 빈터에 라일락 꽃잎...
낭랑하게 피고 지는 오월의 향기여!

2013. 5 14

2012/08/23 19:16

겨울살이 염소

– 구윤근 화백님 작품을 보고

여섯 마리 흑염소
구십도 허리 굽은 할머니
지팡이 손에 이끌려 들로 나간다
마른 풀도 떨고 있는 이 겨울에

보리 고개 같은 가혹한 겨울살이
마른 풀밭이거나 냇가로나 나가
말뚝 박고
따분한 하루해나 축내는 슬픔

향긋한 풀냄새가 그리운 하루
마른 풀밭 헤집다가 허기지면
한평생 세탁 않은 검은 외투를 벗고
길게 자란 수염은 빼빼 마른 얼굴을 덮은 채
누에처럼 온종일 잠들고 싶다

내 마음 어느 곳에 꽃을 피우는
초원으로 내달리는 꿈꾸기 위해
일용할 양식은 마른풀에 목이 메이는
삶이 고달퍼도
우울하거나 좌절하지 않을 것이며
고층 절벽을 뛰어 내리지도 않을것이다
이시대를 대표하는 염소임으로

겨울 어스름에

살을 에는 겨울 어스름에
교통 카드를 꺼내들고 버스를 기다리고 있다

대로가 큰 거물 처마 밑에 찢어진 마분지를 깔고
허름 한 오버무더기 수북한 밑에 숭숭 머리칼이 보인다
그 옆에 철사 줄 손잡이가 돼 있는
찌그러진 깡통 하나도 나뒹굴어 있다
혹? 동사한 사람일까? 어두운 그림자에 시선이 머문다

쿨룩 기침소리가 난다
나는 오싹 소름이 친다
차디찬 세멘바닥에 한 사람이 누워있는 것이다
매운 칼바람 속에 밤은 차츰 깊어 가는데…
거리마다 울려 퍼지는
자선냄비 종소리도 그 사람은 보지 않는다

산은 나이 들수록 많은 친구를 품고
사람은 나이 들수록 많은 친구들이 떠난다 했든가
가까운 친구도 피붙이 다 어쩌고
남의 집 처마 밑을 전전긍긍 하는
나그네 얼어붙은 마음속에
속절없이 겨울밤은 또 말없이 깊어 간다

2013. 2. 9

고라니의 일기

잔설 가득히 덮인 겨울 산에
고픈 배 주리 찌고
한 끼 끼니 찾아 헤매던 고라니
인간들이 친 덫을 밟고 말았다

돌이킬 수 없는 생명의 덫
앞다리 불어진 통증 부여잡고
사생결단 몸부림치지만
캄캄한 절망속에 칠흑 밤이 깊어간다

기적같은 사람의 발자국 소리
비상등 켜들고
앞차 가로 질러 달려오는 119 구급차 소리
야생 보호소로 향하는 둥우리 속은
만장 휘날리는 상여 속 같은 초조함

사람으로 인해 죽고 사람으로 인해
살 수 있는 한낱 동물의 목숨
하느님이시여
가장 절실한 건 먹이와 치료
그리움과 사무친 은혜...

은행나무

도봉산 산77번지
연산군 무덤 앞에
팔백 서른 해를 살고있는 은행나무
양쪽 겨드랑이에 쇠 지팡이 의지 하고 있는데다
허리와 가슴팍에 링거를 달고도
기진맥진 서 있다

몇 세기를 거쳐 살아오는 동안
몇 국란을 만났고
몇 불더미에 타다 남은 불사신
시커멓게 뼈만 남은 이 겨울
살아도 사는 목숨 같지않게 보인다.

인고의 괴로움 딛고
너무 커버려 비대한 몸뚱어리
봄에는 어김없이 파란 새잎
고독한 가을에는 은행에서 구워 낸
노란 지폐를 우수수 휘날릴 것인데
팔백 서른 해를 버텨오면서
새잎 피우고 꽃잎 날리는 일만 반복 했다

그 지조 꼿꼿 세운 나무를
내방 따뜻한 아랫목에 깊이 심어두고

꽃 피고 새가 울 때까지
초라한 연산군 무덤만
지키고 서 있을 것이다

다리밑의 천사들

– 거리인의 아이들을 보고

높은 다리는 지붕이다
누더기 둘러친 거적문은 벽이다
새벽에 일어난 어머니는 밥 얻어오고
넝마 둥우리 울러 맨 아버지는 걸레 수집가다

한타 쯤 되는 흥부네 아이들 같은
눈보라 몰아치는 혹독한 겨울밤에
허허벌판 다리 밑은 내 집이다

따뜻한 구들목 대신
언 고사리 손 부채처럼 펴 들고
모닥불에 빙 둘러앉은 아이들.

아버지" 왈
야! 이놈의 새끼들아 이것이 다
애비 덕인 줄 알아라!!

감격의 눈물 핑그레 도는 것 같은 아이들
보기만 해도 승승장구 아버지를
헹가래칠 것 같이 보였다

구경삼아 다리 난간에 박쥐처럼 매달려
내려다보고 즐거워했던 내 어린 시절.

오늘도 진눈개비 흩날린다
애비 덕을 먹고 자란 그 아이들
지금은 어디에서 어떻게 살고 있을까
먼 기억 속에 한편의 영화처럼 아른 거린다

까치

땅 한 평, 흙 한줌이 그리운 자는
아스라이 높은 나뭇가지에 집을 짓는다

갈기갈기 뜯긴
전신주의 내 집을 잊지 못해서
그 둘레를 맴돌기도 하는
철거민의 서러움

지하도 노숙에도 끼어들지 못하고
아물한 나뭇가지에 흔들리며 살아도
청설모와 전쟁은 통하지 않는다
북쪽 어느 나라 노동 위원장 같은

종족 멸망을 서슴지 않는 나뭇가지
초라한 체취 묻어있는 날개를 덮고
불안한 잠을 청하는 긴긴밤에는
금성은 멀리서 빛난다

팽팽하게 긴장된 가슴을 풀고
선천적 때깔의 떠돌이는
심봉사 같은 투명한 희망을 버리고
칠석날 미리네 강가에 디딤돌이나 쌓다가
차라리 대머리나 될까

소경

언젠가
동기라 이름하에
한 조상 모셨거널
회오리바람 거세게 쓸고 간뒤
다 비운 지금
낯익은 얼굴
나그네로 만났네.
목적지를 모르고
앞만 보고 달리다가
허방에 떨어진
눈먼 소경

낙엽

소슬 바람이
꽃보 아름다운
가을 산을 태운다

나도 그 산에 올라가
가을 산처럼 고운 사랑으로
온 몸 던져
미련 없이 타고 싶다

이팔청춘 살아온 생의 날개들이
종당에는 불타기를 소망했을까

붉은 햇살을 휘어잡고
무주공산 훨훨 날아가고 싶었을까

푸른 기억들은 울었다
쓰린 상처도 타버린 날개
얼마나 망설이다 투신할 수 있었던가
자취도 없이

제3부

섬이 되고 싶다

청량사를 오르며

첩첩이 둘러싸여 숲속에 위치한
청량사를 향한다.

초입에 들어서니
앞에 놓인 벼랑 길 천리인 듯 까맣다

내 일생의 무거운 업을 벗듯
마음속 성지를 뇌이며
젊은 동우 손에 매달려 타박타박 오른다

일사천리 땀에 젖어
아찔한 활로길 숨차게 휘돌아
세상과 멀리 있는 대웅전 이르니
속세를 벗어난 듯
마음 한결 편하고 새털처럼 가볍다

부처님께 경배하고 향불 지피고
자비의 두 손비는 미련한 중생
그 도량 너무 작아 불심 닿지 못하고
하늘에 닿을 듯 기암괴석 절경에 넋만 놓았다

내 사무치는 그리움 모조리 풀어
아 ~ 무도 모르게 나 홀로
세상과 먼 청량산에 올라
흰구름 밀고 가는 산들바람 되고 싶다

2013. 9. 27

원통사 목탁소리

새벽산 목탁소리 따라
원통사 오른다

도봉산 무수골 깔딱고개 지나
땀에 젖는 초록빛 숲속을
산새소리 동행삼아 가파른 길 오른다

칼바위 틈에 삣쭉 솟은 원통사
경내 들어서니 아담 한 대웅전
석굴 속 기도원에 혼자 앉아 있는 부처님
이 세상 빛이라곤 작은 초불하나 밝혀 두고
대자대비 염원하고 있다

처마 끝에 매달린 철어 한 마리
가벼운 산바람에 경을 치는데
조선의 "이성계"가 자주 왕림하여
일용할 양식 달라 빌었다

조현명. 서명균. 정이검 영의정이
국사를 의론하고 심신을 달래던 삼신각 지나
빈손으로 내려오는 더듬이 길에
허공으로 뛰어 오른 아침 햇살이
내 이마를 달군다

가야사에 오르며

굴참나무 숲 우거진 유월 초하루
울퉁불퉁 꼬부랑길 돌아 가야사에 오른다

병풍처럼 둘러친 푸른 산속에 자리 잡고
아담하게 앉아 있는 가야사
아미타불 독경소리에 귀 기우려
법당에 들어서니

자비의 두 손 무릎 위에 얹고
엄숙하게 앉아 있는 부처님
대자대비 염원하는 것일까

짙푸르게 출렁이는 풀 향에 젖어
내 마음 한자락 부처님께 묻으면
온갖 번뇌 망상 다 버리고
나도 홀연 대자가 될까

아늑한 절간방에 일행들 둘러 앉아
청정한 녹차 한잔의 진한 향이
자비인 듯 따뜻하다

갖가지 산채나물 그릇마다 정겨운
정오 지난 공양의 맛은
먹어보지 않은 사람은 정말로 모릅니다

2009. 7. 22 수

계명 "시비" 공원을 보고 (1)

전라남도 장흥군
어느 한적한 마을에
지인들이 마을을 이뤄 산다고 한다

서걱서걱 낙엽 밟고 가보고 싶은 곳
입동 지나 소설이 오는 길 따라
지하철에 버스에 앞만 보고 달린다

마산 지나 진주 지나 호남 고속도로
잠 들깬 이른 새벽 더듬이 길을
숨차게 달리는 차창 너머엔
코스모스 붉은 손 흔들어 준다

와불처럼 조용히 좌중한 지인들
잠시 머물다 갈 길손들을 반긴다
나도 홀연 집 버리고 이곳에 와서
압도적 표차로 그 틈에 들어가
열반 하듯 곧장 해탈하고 싶다

칠면조 성찬에 국화주 따르며
환회를 마시고 희열에 취한다
짧은 시간 뒤로 한 채 안녕안녕!!
늦가을에 우수수 작별같은 늪지
우린 또 순천만을 향한다.

화명동 농장에서

회원 중 농장하는 화명동에서
모임을 갖기로 하고 집을 나선다,
추적추적 비 내리는 날
산지사방에서 모인 반가운 얼굴들
일행이 가져온 승합차에 우르르 초가인원 구겨 넣고
빗줄기 가르며 울퉁불퉁 비포장 질척한 길 따라
부릉부릉 힘겨웁게 오른다

풋풋한 고향 인심같은 사장님
푸짐하게 돈살 듬뿍 빚어 만수성찬 차려 놓고
막걸리에 소주 생탁에 막주 원두막에 둘러 앉아
건강을 위하여 빗물에 술을 타듯 축배를 든다

지난겨울 거친 황야를 건너
향긋한 봄 찾아온 샛노란 오이꽃
함초롬 비에 젖어 방긋 웃는 가지꽃
작아도 톡, 쏘는 새하얀 고추 꽃
안개비에 젖어 저마다 이름 대듯 알록달록 도라지 꽃
아기자기 이구동성 입을 모은다

나는 무공해 농작물이요
토종 땡고추라고요, 사장님 대신
입에 침이 마르도록 강조고 있다.

2010. 6. 28

포도 예찬

포도넝쿨이
하늘 향해 씨줄을 뽑는다
태양열 받들어 높이 뽑는 날줄
어머니 이슥토록 열세 베 짜신다

짙푸른 이파리 차일을 받고
얼굴조차 내밀기 꺼려하는
뙤약볕에 농익은 검은 눈동자
태초부터 프랑스는 아홉세 와인을 짰다지

천지가 노랗게 익은 영혼
진하게 짜는 고통에는
와인을 증명하려는 몽롱한 향기
너의 들날숨에 무르익은 그해 여름
침묵의 가지마다 알알이 영근 사랑

아직도 깊은 뜻 이루지 못한 낱알이
가장 후한 값으로
시장바닥에 먼지바람 다복이 쓰고
쓸쓸한 풍경으로 홀로 남아 있는
그 자리 빛나 한 잔 하고싶다

금정산성 오르며

– 컴 모임에서

겨울비 추적추적 내리는 날
안개길 가르며
산제물 짊어지고 금정산성 오른다

들국화 개망초 이저러진 남문각에
얇은 종이짝 깔아 놓고 일행들
떡이며 술이며 히죽이 웃고 있는 돈 대가리 모셔놓고
빗물 쭈루룩 떨어지는 제상 앞에
비잉 둘러선 제수님들 유세차 축문 읽는다

한 많은 세상에 비를 맞으며 모시오니
산신이여 목신이여 낙동강 용왕신이시여
대동강물 다 팔고 낙동강 넘보는 선달님도 계시오니
이 중생들 굽어 살피시라고
나는 마음속으로 황금돼지를 빌었다

도리도리 둘러 앉아 따르는
음복주는 행복의 잔이라 생각 하고
뿌옇게 몰려오는 물안개
얼얼한 추억이 오솔길에 젖는다

온갖 번뇌 망상 다 버리고
울창한 산허리 한바퀴 돌아
산신령님 길이 받자옵는 하산 길에
젖은 옷자락이 장발처럼 따라 온다

2007년 11월

산골짜기 통나무 오두막집

해외여행을 위해 봉고차에 오른다
차창 밖은 안개비 자욱한데

통통배 수로는 거대한 육로가 이어져 있는
거가대교인지 가덕교인지 헛갈리는
낙엽 쌓여있는 구불구불
비포장 길 따라
산꼭데기 어디쯤에서 차를 세운다

깊은 골짜기 통나무 오두막집...?
나는 처음 듣는 소리에 귀 쫑긋 세운다

절벽 난간에 대기 중인
마법 같은 모노레일은 너무 느리다
후들대는 다리 바잡아
가파른 철계단 조심조심 내 딛는다

오두막 집 주인장 멀리 남바다를 향해
팔매질한 낚싯줄에 끌려온
광어. 넙치. 눈먼 도다리. 허리 휜 장어
고무 반티 그득하다

그 도도한 도다리 눈빨이
다소곳이 낮은 자세로
도열된 은쟁반 앞에서 우리는

소주에 맥주 맥주에 뜸물 같은 막주
해외여행 가덕도에서
을미년 11월 축배의 잔을 든다

역사를 찾아서

– 부산 초량동 이바구 길

부산의 관문은 초량이다

관문을 지키던 수문장들은
묵정밭에 우뚝 세운 신시가로 가고

눈물 젖은 부산항구 연락선도 멎어 있는
168계단 숨찬 길 옆에 끼고
초량동 산비아래 옹기종기 터주로 남아 있는 집들
밤이면 요정의 네온처럼 깜박이는 수은등 불빛
이바구 길을 말해준다

백여 년의 역사를 짊어지고
어漁획 물량의 꿈을 키운
거대한 남선창고와. 백제병원

1세기가 훌쩍 흘러가도록
앙상한 뼈대만 성터처럼 남아
비가 오거나 눈보라 흩날리는 날에도
초량을 찾는 길손
두 팔 벌려 맞이한다

* 남선창고와 백제병원.
백여년전 생선창고와 최초 종합병원*

2013. 9. 7

6. 25 기억에 부쳐

나의 직장은 부산진역 벌마당이다
사장도 없고 지배인도 없는,

새벽 일찍
보리밥 한덩어리 지게 목발에 꿰 달고
출근하는 역전 벌마당

막차 시간
푸석한 보따리 하나 구걸하듯 얹어지고
좌천동 산비알 층층계단 오르면
알람미 쌀 냄새는 허기 비집고 따라 온다

그래도 나는 행복하다
삼팔선 저 너머 내 고향이
나를 기다리고 있음이

가슴에 붙박이는 그리움
꾸욱 꾹 잊으려는 듯
물날은 신문지 쪽에 엽초 담배 말아 물고
빈 지게 기대 앉아 허허 웃는다

난지도에 오른다

땀전 화살표 따라
도심의 섬 난지도에 오른다

갈 짓자 통나무 계단 숨차게 돌아
염천 햇살 땀으로 받으며
짙푸른 억새 함성 외치는 곳
나는 오늘 연정 같은 난지도에 오른다

사방으로 쓰레기 밀어 올린 정상
썩은 속도 쌓이면 공원이 되는
소나무 자귀나무 지등 켠 배롱나무

질척대는 진개장에 발 뻗고 서서
저마다 소리 없는 아우성
나도나도 손들고 반들거린다

잉걸 땡볕에 너울대는 초년의 억새
벼라 별 냄새도 안으로 삭이며
마음을 비우고 꿈을 키운다

* 쓰레기 더미에 만든 공원 서울

부산역을 지나다가2

늦은 겨울 밤
부산역 처마 밑에
여든은 된듯한 한 노인이
엷을 갈색 점퍼 차림에
겨드랑에 두손 찔러 넣고
번데기처럼 쪼그리고 앉아 있다

얇은 옷깃에 파고드는 냉기
얼어붙은 가슴은 누굴 기다리는가.

그대 초록세월엔 허리끈 졸라매고
어린자식 애지중지 키우기도 했으리라
내일의 꿈을 안고
등지기 땀에 젖어 늦은 귀가 길
별빛을 벗 삼기도 했으리라

종당에 남은 것은
건물 처마밑이 전부인 사연
국민 소득 몇 만불은
먼 나라 동화처럼 스쳐갈 뿐

차디찬 칼바람이 날을 세운
정적이 짙게 내려앉는 역전 처마밑
깊어가는 이 긴긴밤을 어찌하랴
돌아보고 또 돌아보지만
나는 무거운 발걸음을 돌린다

안동 나들이

한주일 무거운 손 내려놓은 일요일
새벽 5시 어둔 그림자 밟으며
안동 탈춤 축제길 나섭니다

내쳐 달리는 고속도로 좌우 가장에
들국화 억새꽃 벙그는 계절
낯선 풍경 차창으로 눈인사 한다

9시 좀 지나 안동에 당도 하니
안동양반의 고장과 경주문화의 고장이 서로
얼싸안고 덩실덩실 춤추는 게 보였습니다

나는 어디에도 손 내밀지 못하고
삼베 땅주 입고 탈춤 추는 놀이배 광란에
열광만 했습니다

구경삼아 축제장 한 바퀴 돌아
고을 특산품 점 앞을 서성거리다가
안동 막걸리 샘플 한 잔 얻어먹고
노란 하늘이 붕붕 떠올랐습니다

드디어 시간을 당겨
비포장 꼬불꼬불 오솔길 지나
육사 선생님 뵈러 갔다가 퇴계 선생님도 뵀습니다

한적한 원천리 산자락 아래 잠들어 있는 육사님
고귀한 열사님의 영령 앞에 서니
역사의 분노가 치를 떨게 합니다
지난날의 악몽은 다 잊으시고
편히 잠드시길 두 손 모읍니다

2013. 10. 6

포항 나들이

부슬비 내리는 가을 어느날
관광차 당도한 구룡포 한적한 마을
입간판 비스듬이 붙어있는 이층집을
스스럼없이 들어서니 동해바다가 눈아래다

속살 하얗게 빗은 그득한 접시들이
상치, 깻잎, 겨자 초고추장을 기다리고 있다

초원의 맹수들이
누 한놈 포획하면 단칼에 목줄 눌러
온가족이 빙잉둘러 앉아 흐뭇한 만찬 즐기듯이
둥근 접시에 둘러앉아 만찬 즐기는 우리는
맹수다

군침 흘린 갈비뼈도 남기지 않았다
포만감에 잠시 숨돌릴 시간도 없이 서둘러
양동마을 들려 오어사를 향한다

등촛불 밝힌 고즈넉한 법당에
눈감고 혼자 앉아 계시는 부처님께
아무일도 없었다는 듯이
피묻은 살생회는 먹지 않았다는 듯이
나는 말하지 않았다

돌아오는 길 경주 건천식당에
도리도리 둘러앉은 일행들

다슬기 만찬을 부처님은 보고 있다

2015. 11. 6

버스를 기다리며

티켓 하나를 꺼내 들고 버스를 기다리고 있다
한 계절을 장악한 동장군
입춘이 지나도 소용돌이 친다

황사바람 분분한 거리
배기가스에 찌든 사람들 얼굴은 부황이 들고
중무장한 역군처럼 달려오는
1번 버스 뒷자리에 앉았다

기마병 앞세운 형명군처럼
육중한 버스 힘차게 끌고 가는 기사
원의 중심에서 회로 하는 동료 기사를 향해
장갑 낀 하얀 손 흔든다
봄바람에 나는 나비 같은 손

왼종일 그 경지에 맴도는 고달픈 일상에 핀
라릴락 꽃잎 같은 아름다운 우정의 꽃이여!
아지랑이 창조하는 봄의 문턱에서
나는 오늘
목련꽃 같은 하얀 우정의 꽃을 보네.

제 4 부

울 어머니

로키산맥

오륙도

하느님 피를 받아 태어난 오륙도
날마다 유령의 몸부림에
난자당한 피투성이 입들이
내가 거기 갔을 때
그 숱한 날 못다한 말씀들은
천일염 양수에 자란
오형제
뒤척이면 육형제라고 했다

태고 적부터 울 엄니는
물안개 치마 휘돌아 입은 채
천길만길 날뛰고 뛰는
파도의 등살에 쫓겨
봄노래 같은 하얀 포말 단칸방에서
여섯 새끼 오롯이 키웠다는 걸
부산 사람은 다 알고 있다고 했다

오일장

아침나절 반짝 떠는 오일장
어머니 장 나들이 따라 간다

파노라마처럼 펼쳐진 의곡장
바지게 난전 엿판대 둘러 선
떠꺼머리 선 머슴애들 엿치기 신이 난다

인내 하고 오래도록 참았던 엿가락
골다공증 숭숭한 놈을 골라야 한다
그 통증 툭 분질러 훅, 입김 불어 넣으면
동강난 뼈골의 구멍은 한층더 부풀어 오르고
흥겨운 승리에 환호성이 터진다.

노점 편 할머니
감 광주리 앞에 놓고 해종일
눈물같은 먼지바람 다복이 쓰고
어둡살이 몰려오는 골목시장

누군가를 위해
온 여름 간절히 붉은 사랑
주막집 취객들 소란도 끊길 무렵
광주리 가득한 내 지친 영혼
떨이요, 떨이…

할머니 목쉰 호객 소리는 지금 없다
그리움과 추억이 관행처럼 밀려오는
해저문 오일장

* 의곡, 고향마을 이름

유달산을 찾아서

우리 할아버지 안마당에 세운
노적가리는 피나락이 그득히 쌓여있고
이순신장군 용마름 둘러씌운 노적봉에는
돌무지 수북하다

엽총 딱총 고무총 옆에 차고
노적가리를 향해
호시 탐탐 노리는 무리들이 있었다

충무공 기백이 망설임도 없이
단칼에 내쳤다는 소문이
부산일보 머리기사 대문짝 만하고

오직 대한민국 이름으로 일편단심
큰칼 옆에 차고 수로에 혼자 앉아
이 밤새도록 깊은 신음 하는 적에
달빛은 처량하고
유달산 봉우리에 지까다비 소리 들리는 듯
가슴 조이는 밤도 가고

수정산 오르며

이슬 자욱한 수정산 오른다
그비구비 숨찬 오솔길 돌아
널부러져 성가신 억새의 푸른 함성
장마철에 웃자라 철들 나이
새벽 산책 오르는 나를 설문답 하잔다

가책 없이 나의 발목 휘감는 너처럼
가을 익혀 머리 세면 나도 장관이 될까

정상에 오르니 먼저 솟은 여름 해
동해 바다 둥그렇게 나를 맞는다

아열대림 한시절을 엿보는 산에
아직은 성장기에 지천으로 뿌리박고
가파른 능선에 무작정 푸른
미리부터 서걱서걱 휘파람 분다

안개 걷힌 난바다에 여섯 섬이 지척인데
오늘따라 유난히 섬섬옥수 출렁인다
산자락 잡아타고 정상에 올라
합창하는 매미들과 숨 찬 땀 씻는다

무더운 어느 여름날

무더운 어느 여름 날
부산 동구 자성대 복지관에서
장수 보양 삼계탕을 사준다
짝잃은 팔선녀 친구 모임 삼계탕 이란다

젊은 선생이 내준 굽높은 의자에
도리도리 둘러 앉아
꽃꽂이며 화분 만들기에 여념이 없는 늙은 제자들
동심으로 돌아가는 즐거운 비명소리 울을 넘는다

사는게 별거더냐 이만 하면 족한거지
나비없는 동산에 웃음꽃이 만발하고
지는해 서글프다 말하지 말자
어차피 우린 윤회의 길을 가고 있으니
복지관은 사랑방 같아 언제 와도 따뜻한 곳

내 깊은 가슴속 그리움만 키우다가
연자방아를 돌리듯 더 넓은 세상 돌아보면
고향집 동구 밖 고샅길 같은
내 골목집까지 찾아온 복지관 사랑
마음 설레는 팔선녀의 이 즐거움을.
겪어 보지 않은 사람은 아무도 모른다

쌈지공원에서

부산 수정동 산복도로 비탈에
초록빛 가득한 쌈지공원이 있다

할아버지 쌈지에 아련한 엽전은 없고
푸른 숲속 육모정에서
노녀 몇 둘러앉아 화투를 친다
무더운 여름을 치듯 토닥토닥 화투를 친다

뒷돈 한푼 얻을까
오뉴월 햇살 같은 뜨거운 열기로
진종일 가슴 콩닥콩닥 초조하다가
못내 아쉽고 서러운 세월만 간다

나뭇가지에 앉았던 새들은 푸드덕 날아가고
낮달도 심심한지 가는길 멈추고 기웃대는 염천
풀꽃이 피고 지는 도심 속 공원에서
소풍 나온 병아리처럼 해저문 줄 모르고
풍악대 징을 치듯 화투를 친다

꿈

사태로 무너진 절벽에
춘란 한포기
하얀 잔발 들어낸 채
솔바람에 하늘하늘 위태롭게 나부낀다

그 매혹의 향기를 향해
아슬아슬 매달린 절벽

손끝에 닿을 듯 닿을 듯한
간절함
오를 수도 떨어질 수도 없는
발밑은 아물한 허공이다

얼어붙은 목숨을 붙들고
버둥대는 숨소리
식은땀에 흠신 젖어
새벽잠 깬다.

칡넝쿨의 비밀

사랑 한다
너 아니면 나 죽는다는 식으로
아무데나 대가리 뻣뻣 처 들고
모가지 옥죄는 맹랑한 사내가 있다

겨우 내내 식음을 전폐하고
사랑의 비수로 몸집 키워
봄 햇살 부풀어 오르면
아무데나 넘보는 넝쿨 손 사내

숲속에 지천으로 양양대는
옻나무 새순 같은 섹시한 사랑이 있다
살결은 매끈하고 마음씨 안개 같은

사랑한다. 선불리 말을 하지만
혓바닥 날려 독을 뿜는 독사처럼
봉변 같은 피부질환 절묘하게 퍼뜨리고
뒷골목 밀애처럼 세침이 떼는 여자

시월의 가을볕에 눈부신 나신
누가 볼까 두려워 얼굴이 붉은 사랑
그 사랑에 매료되어 나도 그만
아무데나 대가리 처 들고 사랑을 넘보는
칡넝쿨이 되었다.

조국의 꽃이여

칠흑 같은 밤, 망망대해 연꽃으로 피었구나
조국의 이름으로
그대들 있어 이 강산에 개나리, 진달래, 만발하고
강남 갔던 제비 가족들
한가로이 빨래 줄에 앉아 아름다운 봄노래 지저귀고 있다

채 피지도 못한 꽃이여
차디 찬 물속에서 잠들 수 있었던가
일어나라 검은 파도를 가르고
웃으면서 돌아오라 조국의 품으로
천안함의 길고 긴 인양 시간이
부모와 아내들 가슴은 까맣게 타버린 숯덩이가 되고
온 국민은 TV 화면마다 피가 마른다

태극기에 하얗게 싸여 귀환 하는 영웅들이여
세인의 기억속에 영원이 지워지지 않을 꽃이여
치를 떨게 하는 이 분노를 어찌하리
천벌은 무심하지 않을 테이니
고귀한 영령들이여
마지막 이름으로 고인의 명복을 빕니다.
이젠 모든 것 다 잊고 편이 잠드소서.

자식사랑

– 이웃집 광경

며칠 일한 품삯
한 자리 술값 모자라
주막집 여주인에게 멱살 들린 몰골

한 가정의 가장도 잊은 채
풀어진 눈꺼풀 지병처럼 희멀건 밤
빚진 술값 때문에 아버지에게
주먹질로 긴밤 지새우는 子
이성을 잃은 눈빛이 설익은 개살구 같았다

충혈 된 눈 가누지 못한 아버지
아침 식사도 거른 채
일 나가는 길 곧바로
어머니 산소 앞 소나무에 목을 맸다

그의 부인
가화만사성 천불암 부처님께 두손 빌고 있을 때
이웃집 다급한 목소리에 정신을 잃고
고향 산소에 달려갔지만
남편은 이미 이세상 사람이 아니였다

오대독자 장남이라 천혜 없이 키운 자식
아비는 자식 술값, 대신 목숨을 내 주었고
실신한 어미는 몸져누웠다

장미 넝쿨 우거진 담장너머 그 집
값싼 술냄새 진저리 친다

섬이 되고 싶다

사람 없는 섬에도 해가지면
초승달 지등 불 밝혀놓고
깊이를 알수 없는 바다와
아기자기 자라는 소나무 벗 삼아
내마음 부려놓을 조용한 섬이 되고 싶다

섬문 박에 떠도는 물안개
청정한 해안에 서성이는
푸른 바람 손짓하는
거울같이 맑고 푸른 바다와 속삭이며

고독과 외로움은 멀리하고
세상은 온통
네온 같은 불빛 무수하 쏟아지는
풍랑에 몸을 섞는 파도가
밀려오면 품으로 안아주고
파도가 밀려가면 다시 오기를 기다리며

따뜻한 봄날이 오면 갈매기 물새들 날아와
알낳고 새끼치고 날아가고 또 날아오는
따뜻한 보금자리 되어
때묻지 않은 아늑하고 양지바른 섬이 되고 싶다

2010/01/23 00:42

갈매기

신원 미상의 한 남자가
바닷가에서 죽어 있다
온몸이 흠신 밀물에 쓸린 채
상제도 없고 일가친척도 없는 그자의 시체를
미화원 물수리마저도 모른 척 한다

그의 부인은 아무도 없는
무인도로 바위섬으로 원정 출산 갔다

알을 낳고 새끼 기르는 온 여름 동안
혼자서 허공을 헤매다가 멸치 배 따라 가다가
기러기 아빠가 된 갈매기 아빠는
외로움에 지쳐 자포 했거나
시월이면 새끼들 다 데리고 정답게 돌아 올
부인과 아이들을 기다리다 우울증에 시달렸거나
짠물에 흠씬 젖은 채 죽어 있는 것이다

그자의 유언인지 한많은 사연인지
아이들 외국 유학 갈때 부인을 같이 딸려 보내고
작살나는 삶의 아빠가 되지 말라고
뭐라 중얼 그리고 있다.

파충류의 삶

– 티비를 보고

나무 이파리에 앉아
백두산 한라산 서귀포 폭포를 그리워하며
면밀이 동경을 살피고 있던 개구리 한 놈
톡 튀어나온 통방울눈이 근시안이다

하품인지 버릇인지 뭔가 가득 채워질 것 같은 건지
물 밖으로 대가리 처들 때마다
아가리 턱 벌리고 있는 악어
개구리 짧은 고요가
제 무덤 같은 악어 목구멍을 향해 팔딱 뛰었다

벌리고 한 나절을 기다리고 있던 입속으로
잘 익을 연시하나 툭 떨어지는 아름다움보다
수직으로 뛰어든 개구리
입맛에 도취된 꿈같은 세월
소망보다 크고 믿음보다 값진.
천년지기 늪지가 천국이다

강태공

차양 넓은 모자 깊숙이 쓰고
바위틈에 껴앉은 강태공
단 한줄 실그물 정확히 내리 꽂자
꽃돔 한 놈 수면 위로 파르르 은빛 날린다

은밀하고 통쾌한 순간
내 생의 몰두만큼 짜릿한 통증
넙치 참치 게르치 뽈락 절망의 눈빛까지
물음표 하나 아가미에 물고
잘못든 길 길길이 끌려온
한 맺힌 눈빛이 빼끔 거린다

둥우리 안에서 소리 내 지르며
만나고 헤어질 일 많아 절절히 파닥이는 욕망
어판 장 바늘 없는 목 하나
슬쩍 바꿔주고 싶다

예서 조용히 말을 줄이고
초각을 곤두세운 강태공
먼 시선을 피하고 밀애를 하듯
수심을 뒤지고 뽈락을 찾는다

바지락

뻘 구멍이 제집인 바지락이
온 몸 뻘 투성이로 살고 있다
깨끗하게 씻은 마알간 얼굴
된장 뚝배기 끓고 있을 때

애호박 풋고추 양파 미더덕 손 두부와
제 속살 속절없이 끓이고 끓여
단단한 껍질로 날개로 야광충이 되어
오래 출렁이는 갯펄
붉은 광채를 내 뿜는 서녘

다닥다닥 삶의 무덤을 확인 하는
수 만개 널려있는 뻘 구멍
구리빛 아낙들 썰물을 파내고
해안선을 빠져 나가는 뱃고동 소리
미끄러지듯 하루를 마감하러 간다

파도를 헤아리는 바지락
부지런한 손놀림으로
수 만개 갯펄 집을 짓는다

제 5 부

풀꽃 일기

통일에 대하여

둘째 외손자가 초등학교 5학년때 백일장에 나가서
통일에 대한 시를 써서 최우수상을 받았다고 한다
다음 백일장에는 학교 대표로 나가기로 선정이 되었다는
이 시 한편을 외할미 책 출간에 올린다

통일

우재윤

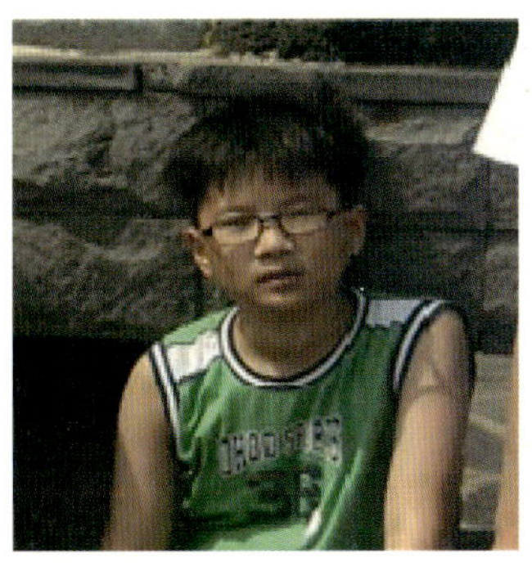

단군이 터 잡고
조상들이 지킨 땅
우린 왜 갈라졌나

역사도 같고
조상도 같은데
왜 문화가 다른가

민족도 같고
피도 같은데
왜 노래가 다른가

우리가 정녕
이루어야 하는 것이
무엇인가

통일
그것을
우리가 할일이다

우리가 하나 되는 마음
서로 다름을 인정하고
극복하는 것 통일!

감나무 예찬

우리 할아버지는 감나무 가지 꺾어
개암나무 밑둥에 붙여
흙무덤을 세웠습니다

이슬 함초롬 젖은 봄 어느날
뽀얀 배내털 온몸으로 둘러쓰고
어린 새순
강아지 풀 우거진 흙무덤 헤치고
빼족이 내미는 연두빛 얼굴

세상 밖 홀로선 어린영혼
공포와 목마름으로
알알이 영글 새빨간 꿈을 향해
조금씩 자라는 나날이
어느덧 이순을 훌쩍 넘어 왔습니다

서리 내리는 늦가을
한줄기 빛으로 내달려
멀리 우듬지에 아슬아슬 매달린
달디 단 까치밥 붉은 시어들이
까만 씨눈으로 심지를 세웁니다

감나무의 눈물

마당가 열 살 난 땡감나무. 웃자란 가지하나
가을 추수 높은 우듬지에 손닿지 않아 애달고
이웃집 지붕에 낙엽 쌓여 미안코
사닥다리 발돋움하여 먼 가지 무딘 톱질을 했다

무거운 가지 댕강 낙하할 것인데
껍데기 조금 붙은 채 엉거주춤 엎푸려
긴긴 겨울 삼동 마른 삭정이 된 줄 알았던 것이
이른 봄이 되자 기지개 켜며 연두빛 새순이
돋아난다.

죄의식에 조금 마음이 저려
처절한 가지 한량없이 쳐다 보지만
미워야 할지 이뻐야 할지 마음잡지 못한다

세상사 사노라면 천대 받고 박해 받고
미움도 받으면서 꿋꿋한 인내 하나 무기삼아
만고풍상 몸부림치다가
기업체 사장 되고 명월관 관장도 되는
인생사 새옹지마라지만

무슨 영검 보겠다고
톱질 당하고 허리 잘린 몰골이 된 채
음동 설한 내내 죽은 듯 엎푸려
입술 깨물고 버텨왔을까

멍게의 슬픔

그녀를 사랑했기 때문입니다
갈쿠리에 잘린 뭉툭한 발
두룸박 안에서 휘저었습니다

바다를 가르고 허공을 휘어잡는
그녀의 휘파람 소리 들었을 때
두룸박 속에서 나는
꽃동산을 수없이 뛰어 올랐습니다

닭 벼슬 같은 피부 질환이
몰골이 였지만 순한 천성 때문에
칼을 드는 도마 위도
반항 하는 기색이 한 번도 없었습니다

희망의 짠물 내 뿜는 둥근 몸뚱어리
다시 돌아 갈길 잊으려고
소라며 성게 불가사리 안부를 물었지만
내 무덤 차츰 가까워질수록
메스는 한껏 날을 세웁니다

2011. 2. 23 수

해파리

쭈구렁 바가지 같은 해파리의 날개
삿대 없는 나룻배처럼
수심을 잠행하기에 힘드는 듯 보인다

치열하게 살아가는 물속의 꿈
언제나 헐렁한 잠행이 때로는
멀리 어선의 그림자에도 눈물이 고인다

가진 거라곤
가슴속에 묻은 넝마 같은 발
중고시장 헐렁한 옷자락 같은 몸뚱어리
팅팅 불은 절망에는
게발 같은 말미잘에 할퀴기도 한다

그 쓰린 후유증은
더 이상 초조한 목숨을 노린
거물을 당기는 사공의 구리빛 팔뚝에
하얀 포말이 기고만장 요동친다

사막

허공의 중심을 향해
나침반을 맞추고
달과 별은 은하수를 건너
불 꺼진 사막에 흐른다

빛과 고요가
목마른 풀꽃에 내려앉는
사막의 노래는
어디에나 한자리에 정두지 않고
모래바람 발정처럼 회오리친다.

낙타는 죽음을 예비 한 듯
제 봉분을 등에 지고
터벅터벅 석양 길 걸어간다

기고만장 회오라기 바람에
내 발자국 기억 해줄 사람은
집시다
임자 없는 모래알은
아무도 기억하지 않는다.

사월의 잔인한 바람

사월이여!! 참으로 잔인한 사월이여!
만물은 초록빛 생동이 넘쳐흐르는데
저 금수의 바다 아가리는
천진난만 어린 생명들을 수없이 삼키고도
아무렇지도 않다는 듯 너울대고 있구나

즐거워야 할 수학여행
어른들의 어처구니없는 실수로
참담한 비극이 될 줄이야 하늘인들 어찌 알았으랴.

사랑하는 아들딸들아!!
채 피지도 못한 어린 꽃봉오리들아!
온 국민은 너희들이 암흑천지에서 애달피 절규하는 소리 듣고 있어도

속수무책 아무것도 해주지 못하는구나 미안하고 목놓아 통곡한다

꽃이 예쁘면 남몰래 꺾어 가듯이
하느님은 너희들이 너무 예뻐
아무도 모르게 꺾어 가셨나보다

이제는 모두 다 잊고
하늘나라에서 하고 싶은 일 품었던 꿈
모두모두 펼치고 행복하게 살기를
온 세인은 두 손 모아 간절히 빌고 또 빈다

폭포

거침없이 투신 할 수 있었든가
상공을 나르는 산새도 범접 못할 절벽
어느 시대부터 넘봐온 골짜기를 따라
비 개인 날 무지개로 가물거린다.

부서지고 깨지고 온몸이 낭자 당할
세상은 뛰어 내려야 끝을 아는 법
하늘을 치솟는 포말은 결론도 못 내리고
다시 만나 뒤엉기는 한가닥 물줄기
꼬리부터 베어도 자국이 없다

낙동강 하구언 붕어탕 집에서
사이비 종교 때문에 말씨름 하다가
날 저문 줄 모르고 문을 나서니
은행잎에 맺힌 사월의 빗방울
거침없이 뛰어내릴 폭포는 아니지만
허공의 높이를 재고 있는 듯 하다

빈 주머니

땅 한 평
흙 한 줌 없는 나는
날마다 기와 집 짓는 꿈을 꾼다

긴 소매 껴입고
가을이 오는 소리 듣는다

단칸 전세 좀 빌 수 있을까
부동산에 왔더니
잠시 비워 둔
제비 집이 있었다.

바람

끝없는 사막에
낙타를 끌고 가는
집시의 뒷모습 같이

해저문 주막집 처마 끝에
깜박이는 장명등 같이

마른 갈대숲에
짝 잃은 철새
울어 지친 눈물같이

그렇게그렇게 가을은 가고

나는 한 오라기 바람으로
황혼이 밀려오는
황량한 벌판에 홀로 서 있네.

한양 과거길

영남 선비님
한양 과거길 나섭니다
새벽 찬바람에 옷깃 여민
갓, 탕건 방립 포개 쓴 선비님
괴나리봇짐에 벼루, 필묵, 짚신 준비는 필수다
문경새재 삼관 문 휘여휘여 오르면
여관 겸 주막집이 있다

처마 끝에 매달려있는 지등에
술酒자 흐릿하게 쓰여있는 집을
내집처럼 스스럼없이 들어간다

시래기국밥과 막걸리 한사발로 시장기 해결하고
등잔 불 가물거리는 草房에 둘러앉은 나그네
장작 불 지핀 아랫목이 금상첨화다

무명 핫이불 덮는둥 마는둥
목침에 귀떼기 대고 편안한 저승같은 나의 꿈속에
하룻밤에 아흔아홉 등을 넘나드는 놈들이
몇 등을 넘고 너머 나에게로 와서
옆구리에 등어리에 겨드랑에
고속도로 뚫어 기름을 뽑아내 듯
빨대를 곤두세워 나의 선지를 뽑아내고 있다

성질 같아선
엄지손톱 얼얼하게 눌러 죽여도 시원찮을
괘심한 놈들
핫바지 솔기마다 신장로처럼 줄타는
-고 고얏 놈, 친구삼아
나는 또 한양 길 바삐 떠난다.

세월아

이별 후 돌아서는
임의 뒷모습 같은 허무한 세월아
어리둥절하다가 놓쳐버린 너
가는 길 멈추고 되돌아 올순 없겠니

돌아보면 어제 같은데
날마다 그 자리인 줄 알았던 시간들이
어느새 후루룩 가버린 세월아
한번만 더 그 자리에 머물러 줄 순 없겠니

날마다 오는 줄만 알았던 날들이
미처 알지 못한 사이에
속절없이 가버린 잔인한 세월아
다시 한번 생각하고 안가면 안되겠니

호박에 대하여

말년이 다 된 늙은이가
푸르고 싱싱했던 날들은 가고
관절통 신경통 몸져누운 이 가을에
열흘은 굶은 듯 누렇게 부황이 든다

음습한 풀밭이거나 초지붕도 감지덕지
가슴 차곡차곡 씨알 충전 시켜 주심이
하느님 덕인 줄 알고

긴긴 장마, 에도 용케 견뎌
금수강산 오롯한 햇볕에
지극정성 단맛 길든 풍만한 몸뚱어리
땅 한 평 소유하지 못한 그리움으로

망설임 없이 뻗어 나가던 꿈은
하얀 자막처럼 지나가고
마른 풀밭에 덩그러니 홀로 앉아
외로움 스스로 자위 하며
밤하늘 찬 서리에 몸을 말린다.

횟집에서

명지시장 먹자골목에
물 나른 간판 비스더미 걸려있는 집을
촛불시위에 단골손님처럼 찾아 갔다

하루의 삶을 가늠 할 수 없는 장어
뱃살 허옇게 뒤집어 좁은 가두리 안에서
퍼렇게 질린 눈빛이 쓸쓸하다

칼솜씨 능한 주인 손놀림이
무 자르듯 스스럼없이 내 잔등 잘라
매운 돈 요리에 눈빛은 피색이 돈다

몰락한 파도위에
머언 어선은 날마다 죽어가는 그물을 당기고
노을 끝에 잠든 망둥어
금빛 물마루에 넘실댄다

마악 입항한 뱃머리 좁은 공간에서
마지막 유언인지 날고 싶은 건지
사납게 뻗대는 장어.

▌해설

생의 여정과 자아의 내면

임종성(문학박사, 문학평론가)

1. 강물이 바다로 가는 긴 여정

강물은 골짜기를 빠져나와 들판을 지나 숱한 길을 내어 바다를 향해 가는 살아 숨 쉬는 물이다. 벼랑이 기다리면 물러나 굽이쳐 돌다가 폭포가 되어 뛰어내리고, 웅덩이에 갇히면 뒷물을 기다려 다시 내려가는 치열한 물이다. 이러한 강물의 끝은 바다의 새로운 시작이다.

2. 꽃의 빛깔과 차 향기의 파장

어디서 날아 온 종자인가
딱딱한 볼록 틈에 발을 묻고
삶을 영위하는 생명의 존엄을 본다

여린 꽃대 올린 소박한 꽃잎
불모의 땅이라 탓하지 않고
쌀쌀한 가을바람도 개의치 않는 듯
다소곳이 고개 숙인 해맑은 사랑

어느 고아의 외로움 같은

그리움 갈망하는 노방에서
지난여름 천둥 번개 거센 반란에
불면의 밤을 지새우며
말없이 묵묵히 살아온 생

가을빛 엷아지는 벌판에서
남몰래 고독을 삼키며
저무는 석양에 불을 밝히는
이름 모를 풀꽃 [풀꽃 일기] 전문

"인생은 그 날이 풀과 같으며 그 영화가 들의 풀과 같다."(구약성서, 시편)는 전언은 사람의 한 생애가 풀과 그 풀의 꽃과 다르지 않다는 것을 깨우쳐 준다. 풀은 이 세상 어디에나 있다. 그렇다고 그 풀의 생명적 가치가 작은 것은 아니다. 아무데서나 자연적으로 돋아난 풀은 마음을 텅 비운 순수하고 소박한 사람에 대한 비유이기도 하다.

화자는 〈불면의 땅이라 탓하지 않고/쌀쌀한 가을바람도 개의〉하지 않는다. 그래서 〈고개 숙인 해맑은 사랑〉을 품고 있다. 또한 〈불면의 밤을 지새우며/말없이 묵묵히 살아온 생〉을 유지한다. 강인하고 의연한 모습으로 생의 길을 걸으며 풀은 꽃피우려 애쓰며 산다면 진달래꽃은 일찍 봄을 불러 온다.

나 애절한 그리움으로
절벽 바위틈에 진발 뻗고
마디마디 옹이진 가지마다
당신을 기다리는 꽃이 되었습니다.

나 하나 굳은 절개이므로
눈보라치는
천혜의 골짜기마다

향기로 오는 당신 아픔 보느라
모가지만 훌쩍 길어 있습니다.

오늘 아침부터
소나기 진탕 얻어맞고
멍든 몸 감출 수 없어
온천지에 핏빛으로 붉어 있습니다. [진달래꽃] 전문

화자의 내면은 그리움으로 그득 차 있다. 〈나 애절한 그리움으로/절벽 바위틈에 잔발 뻗고/마디마디 옹이진 가지마다/당신을 기다리는 꽃〉이 되었다고 얘기하고 있다. 절벽 틈이라는 한계상황 속에서 피어난 꽃은 사랑하는 대상을 온몸으로 그리워한다.

여인의 치마폭처럼
휘돌아 늘어진 춘란 이파리
여린 봄빛에
애절한 개화
임의 향기인 양
설레임으로 다가오는
연분홍 꽃잎 [춘란] 전문

좋은 사람과 함께 있으면 난초가 있는 방에 앉아 있는 것과 같이 향기로운 것이다. 〈여인의 치마폭처럼/휘돌아 늘어진 춘란 이파리〉는 춘란의 외형이다. 그것은 임의 향기로 드러나고 〈설레임으로 다가오는/연분홍 꽃잎〉으로 드러난 심미적 서정과 이어진다.

난을 보며 단아한 자세를 본받고 싶은 화자는 한 잔의 차를 마시고 싶어 한다. 술이 사람의 마음을 들뜨게 하거나 감상에 휩싸이게 한다면, 차는 들뜬 사람의 마음을 가라앉히고 안전감을 갖게 한다.

떠나버린 막차처럼
되돌릴 수 없는 초년의 그리움을
가슴에 붙박이는 잃어버린 사랑의 애달픔을
잊으려는 인연들
따끈한 차 한 잔의 위안으로
복지관
청춘찻집 쉼터에 기대앉는다. [청춘찻집] 부분

화자는 〈가슴에 붙박이는 잃어버린 사랑의 애달픔을/잊으려는 인연들〉을 회상하며 지나온 길을 되돌아보고 있다. 그러나 화자는 감상이나 회한에 빠지지 않고 생의 민낯을 찻물 속에서 들여다보는 여유를 품는다.

"굽이치는 바다와 백합의 골짜기를 지나/ 마른 나무 가지 끝에 다다른 까마귀같이"(김현승[가을의 기도]) 질풍노도 같은 젊은 날과 장년을 지나 노년 후반에 화자에게 쌓이는 나이는 독약이다. 늙는다는 느낌은 소멸의 길로 이어지기 때문이다.

3. 바람의 내면, 세월의 여적

끝없는 사막에
낙타를 끌고 가는
집시의 뒷모습

해 저문 주막집 처마 끝에
깜박이는 장명등같이

마른 갈대숲에
짝 잃은 철새

울어 지친 눈물같이

그렇게 그렇게 가을은 가고

나는 한 오라기 바람으로
황혼이 밀려오는
황량한 벌판에 홀로 서 있네. [바람] 전문

"바람은 모든 것에 영향을 주는 세상을 가리킨다."고 장자는 말하고 있다. 그래서 "꽃향기를 거슬러 부는 바람은 번뇌를 일으킨다."([팔만대장경])는 전언은 누구에게나 실감이 날 수 있다.

〈깜박이는 장명등〉이나 〈짝 잃은 철새/울어 지친 눈물〉로 비쳐 나오는 가을에 화자는 〈황혼이 밀려오는/황량한 벌판에 홀로〉 서 있다. 이러한 바람으로 비유되는 화자는 문패도 없는 집에 잠시 머무른다. 바람은 늘 바깥에 붙들려 있고, 무한 바깥에 묶이고 갇혀 있는 것이다.

이별 후 돌아서는
임의 뒷모습 같은 허무한 세월아
어리둥절하다가 놓쳐 버린 너
가는 길 멈추고 되돌아 올 순 없겠니
날마다 오는 줄만 알았던 날들이
미처 알지 못한 사이에
속절없이 가버린 잔인한 세월아
다시 한 번 생각하고 안가면 안 되겠니. [세월아] 전문

연륜은 모든 것을 앗아간다. 마음까지도 앗아가는 것이다. 흐르는 세월은 세상의 재보를 빼앗아 간다. 이러한 세월을 이기는 생명은 없다. 그래서 "세월은 얻기 어렵고, 잃기는 쉽다"([사마천, [사기])며 말하다. 화자의 내면에서 세월은 〈이별 후 돌아서는/임의 뒷모습 같은 허무

한〉 모습으로 드러난다.

산은 나이 들수록 많은 친구를 품고
사람은 나이 들수록 많은 친구들이 떠난다 했든가
가까운 친구도 피붙이 다 어쩌고
남의 집 처마 밑을 전전긍긍 하는
나그네 얼어붙은 마음속에
속절없이 겨울밤은 또 말없이 깊어 간다. [겨울 어스름에] 부분

바깥세상이 좁고 폐쇄되면 내부의 세계는 깊이 넓어진다. 이와 연관시켜 보면 겨울은 내면의 계절이다. 〈비바람 후려치는 숱한 아픔은/빈 가슴에 눈바람이 쌓이고/모진 세월 속에 살아온 생([고목을 보고])에게서 화자는 몹시 한적하고 춥고 쓸쓸한 심리를 떨치지 못하고 밤에 휩싸인다.

〈산은 나이 들수록 많은 친구를 품고/사람은 나이 들수록 많은 친구들이 떠난다 했든가〉에 나타나 있듯 나이 들면 주위의 나그네 같은 사람들이 세상 밖을 나선다. 그래서 〈남의 집 처마〉같이 마음속은 황량하다.

한때는 동기라
한 조상 모시다가
지금은 남남이 되어
서먹한 나그네로 만났네.

목적지를 모르고
앞만 보고 달리다
허방에 떨어진
눈먼 소경. [나그네]전문

"사람은 정처를 모르면서 떠도는 나그네와 같다. 나그네는 대체로 어느 한 곳에 오래 머물지 않는 방랑자와 다르지 않다. 나타니엘이여. 그대는 모든 것을 지나치는 길에 바라보아야 한다. 그리고 어느 곳에도 멈추지 말라"(H. 지이드[지상의 양식])는 구절은 걸음을 머물게 한다. 〈목적지를 모르고/ 앞만 보고 달리다/허방에 떨어진/눈 먼 소경〉인 경우가 적지 않다.

땅 한 평
흙 한 줌 없는 나는

긴 소매 껴입고
가을이 오는 소리 듣는다.

단칸 전세 좀 빌 수 있을까
부동산에 왔더니
잠시 비워 둔
제비 집이 있었다. [빈 주머니] 전문

나그네의 주머니는 텅 비어 있기 마련이다. 세속에서 값진 재화가 되는 것들을 챙겨 넣지 않기 때문이다. 화자는 〈날마다 기와 집 짓는 꿈을 꾼다.〉고 말하지만 현실은 한 평의 땅, 한줌의 흙도 차지할 수 없기 때문이다.

4. 겨울 나그네 , 주머니 속의 생

시간의 속에서 씨앗들이 싹을 틔우고, 꽃을 피우며, 나무가 푸른 가지를 펴 거친 바람을 밀쳐낸다. 그리고 시간 속에서, 새가 푸드득 하늘

끝을 잡고 날아오르고, 사르륵 사르륵 내리는 눈에 집으로 가는 길이 지워진다.

다소곳이 별에게 인사를 하고나서 눈을 들면 경전인 푸른 하늘이 보인다. 이러한 단상에 결부시켜 보면 최춘자 시인의 새 시집 『풀꽃 일기』는 생에 깃든 시간의 여정이 선명히 드러나 있다.

강물의 끝은 바다의 시작이라는 깊은 사유, 그윽한 꽃의 빛깔과 차 향기의 파장, 바람의 푸른 길, 겨울 나그네의 눈짓이 섬세하고 치밀하게 내면 풍경을 빚어낸다. 시가 놓쳐서는 안 되는 미려한 감각의 정서와 미적 진지성을 내장하면서 생의 일몰 속에서 환한 내일의 일출을 바라보고자 한다.

최춘자 제5시집
풀꽃 일기

인쇄일: 2017년 3월 10일
발행일: 2017년 3월 15일

지은이: 최춘자
펴낸이: 최경식
펴낸곳: 도서출판 청옥문학사
인쇄처: 세종문화사

등록번호 제10-11-05호
E-mail: sik620@hanmail.net
전화: 051-517-6068

값 12,000원

ISBN 978-89-97805-57-0 03810

이 도서의 국립중앙도서관 출판예정도서목록(cip)은 서지정보유통지원시스템 홈페이지(http://seoji.nl.go.kr)와 국가자료공동목록시스템(http://www.nl.go.kr/kolisnet)에서 이용하실 수 있습니다.(cip2017004788)